Hierhin reiste 1824 meine *Missa solemnis* zur Uraufführung – leider ohne mich!

In seiner Hauptstadt stellte ich dem Preußenkönig Friedrich Wilhelm II. meine *Sonaten für Violoncello und Klavier op. 5* vor. Außerdem trat ich in der Berliner Singakademie mit freien Fantasien am Klavier auf.

Hier, wo der von mir verehrte Johann Sebastian Bach 27 Jahre Kantor an der Thomaskirche war, durfte ich auf meiner Konzertreise auch gastieren!

In dieser glanzvollen Musikmetropole trat ich 1796 vor dem sächsischen Kurfürsten Friedrich August III. auf.

Mit 20 besuchte ich mit der Bonner Hofkapelle den Sitz des Hochmeisters des Deutschen Ritterordens – der Kölner Erzbischof hatte dieses Amt damals inne.

In diesem böhmischen Ort war ich öfter zur Kur – 1812 lernte ich dort den verehrten Johann Wolfgang von Goethe kennen.

Einer meiner vielen Kurorte in den Sommermonaten.

Diese schöne Stadt besuchte ich öfter – zum ersten Mal 1796, auf meiner großen Konzertreise.

In dieser oberösterreichischen Stadt besuchte ich öfter meinen jüngeren Bruder Nikolaus Johann – er hatte hier 1808 eine Apotheke gekauft.

Auch eine Station auf meiner monatelangen Konzertreise 1796!

Einer der vielen Orte um Wien, wo ich die Sommer in der erholsamen Natur verbrachte.

Noch ein Konzertort als Pianist in diesem aufregenden Jahr 1796!

Hier hielt ich mich 1803 auf.

Ludwig van Beethoven

Bibliografische Information der Deutschen Nationalbibliothek
Die Deutsche Nationalbibliothek verzeichnet diese Publikation in der Deutschen Nationalbibliografie; detaillierte bibliografische Daten sind im Internet über http://dnb.d-nb.de abrufbar.

Bestellnummer: ED 21241
ISBN 978-3-7957-0776-7

www.schott-music.com
www.schott-buch.de

Lektorat: Sabine Bayerl
Umschlaggestaltung, Satz und Layout: Martha Hammerschreck
Druck: Kösel, Krugzell

Printed in Germany · BS 54548

Ludwig van Beethoven

erzählt von Dirk Walbrecker
illustriert von Maren Blaschke

SCHOTT
Mainz · London · Berlin · Madrid · New York · Paris · Prague · Tokyo · Toronto

„Freude, schöner Götterfunken …“ Ich weiß nicht, wann ich dieses Gedicht zum ersten Mal gelesen habe. Aber es hat mich sofort begeistert. Handelt es doch davon, dass alle Menschen miteinander befreundet und gleichberechtigt sind – eine Vorstellung, die mir mein Leben lang sehr gefallen hat. Als ich das Gedicht *An die Freude* kennenlernte, schwirrten sogleich Töne durch meinen Kopf. Ich wollte die Gedanken des Dichters *Friedrich Schiller* zum Klingen bringen, wusste aber lange Zeit nicht, wie. Erst ganz am Ende meines aufregenden Lebens gelang es mir in meinem größten Werk, meiner *9. Symphonie*.

Geboren wurde ich in der Nacht vom 16. auf den 17. Dezember 1770 in Bonn am Rhein. Meine Eltern nannten mich nach meinem geliebten Großvater *Ludwig van Beethoven*, dem ich auch meinen etwas fremdländisch klingenden Nachnamen verdankte. Er stammte aus Flandern (dem heutigen Belgien), wo er schon als kleiner Junge eine Chorschule besuchte und beschloss, Musiker zu werden. Zunächst war er Sänger und Chorleiter in seiner Heimat, bis er schließlich als Leiter an die Bonner Hofkapelle berufen wurde. Er war ein angesehener Mann und ich war stolz, seinen Namen tragen zu dürfen. Wahrscheinlich habe ich von ihm auch meine Leidenschaft für die Musik und mein musikalisches Talent geerbt – leider starb er schon, als ich drei Jahre alt war. Als Vorbild sollte er mich aber das ganze Leben lang begleiten, stärken und trösten …

Auch mein Vater, *Johann van Beethoven*, war Musiker – doch lange nicht so erfolgreich wie mein Großvater. Er verdiente sein Geld als Sänger in der kurfürstlichen Hofkapelle, außerdem unterrichtete er Klavier. Und er hatte sich in den Kopf gesetzt, aus mir einen berühmten Pianisten zu machen.

Schon mit vier Jahren bekam ich von ihm Unterricht und ich muss sagen: Er war ein überaus strenger Lehrer! Sein Vorbild war nämlich *Leopold Mozart*, der seinen Sohn *Wolfgang Amadeus* mit sechs Jahren dem erstaunten Wiener Publikum als Wunderkind vorgestellt hatte.

Dass ich regelmäßig in die Schule ging, darauf legte mein Vater allerdings weniger Wert. Und so kam es, dass ich nie besonders gut rechnen konnte. Was mir aber wirklich gefiel, war das Klavierspielen: Das Instrument faszinierte mich, ich konnte stundenlang Musikstücke vom Blatt üben. Vor allem aber liebte ich es, ohne Noten zu spielen, mit den Tönen frei zu fantasieren, eigene Melodien zu erfinden! Wenn mich mein Herr Vater dabei erwischte, gab es allerdings jedes Mal eine Menge Ärger ...

Glücklicherweise war meine Mutter nicht so streng. Ich mochte sie sehr, aber sie hatte es nicht leicht: Sorgenvoll musste sie miterleben, wie mein Vater immer mehr Zeit in Wirtshäusern verbrachte und das Haushaltsgeld knapper wurde. Fast nie sah ich sie glücklich und lächelnd. Neben mir hatten meine Eltern noch zwei weitere Söhne: meinen vier Jahre jüngeren Bruder *Kaspar Karl* und den zwei Jahre später geborenen *Nikolaus Johann*. Die beiden waren mir willkommene Spielkameraden und ich war froh, als wir endlich gemeinsam Streiche aushecken konnten.

Denn inzwischen waren meine Eltern direkt an den Rhein gezogen – in das Haus des Bäckermeisters *Gottfried Fischer*. Dort gab es Hühner, denen man die Eier stehlen konnte, und einen Hahn, den wir irgendwann heimlich auf dem Speicher brutzelten. Da oben, hoch über dem breiten Fluss, verbrachte ich aber auch viel Zeit allein. Mit dem Fernrohr konnte ich bis zum Siebengebirge schauen: Ich sehnte mich nach der Ferne, der Weite ... Hier konnte ich mir ausmalen, wie später einmal mein Leben im großartigen Reich der Musik aussehen könnte. Denn inzwischen spielte ich nicht nur Klavier, das Instrument, an dem mich mein stolzer Vater als Siebenjährigen bei einem Konzert im nahe liegenden Köln als zukünftigen Starpianisten präsentierte. Ich lernte auch Violine, Bratsche, Cello und später sogar Orgel – das machte weitaus mehr Spaß, als in der Elementarschule zu hocken und das langweilige Rechnen zu pauken ...

Dies und das

Friedrich Schiller (1759–1805), *der dieses für Ludwig so wichtige Gedicht verfasste, war einer der berühmtesten deutschen Dichter. Die Freude, die er in seinem Gedicht anspricht, ist eine Göttertochter und kommt von der Insel Elysium – dort wohnen die glücklichen Unsterblichen.*

An die Freude

Freude, schöner Götterfunken,
Tochter aus Elysium,
Wir betreten feuertrunken
Himmlische, dein Heiligtum.
Deine Zauber binden wieder,
Was der Mode Schwert geteilt;
Bettler werden Fürstenbrüder,
Wo dein sanfter Flügel weilt.

Wissenswertes

In Ludwigs Kindheit war Bonn eine der bedeutendsten Städte in Deutschland. Hier regierte Maximilian Friedrich von Königsegg, *der Kurfürst und auch Erzbischof von Köln war. Er residierte im Schloss, in dem es eine umfangreiche Bibliothek, einen prächtigen Saal für die Konzerte der Hofkapelle und eine Hofbühne gab. Dort befand sich auch die Akademie, an der berühmte Philosophen und Wissenschaftler unterrichteten.*

1785 wurde daraus eine Universität, an der auch Ludwig später sein Wissen erheblich erweitern konnte.

1781 war ein bedeutsames Jahr in meinem noch jungen Leben: Zwar war ich mit meinen Gedanken schon heimlich in fernste Fernen geschweift – doch eigentlich hatte ich noch nicht viel gesehen von der Welt. Jetzt aber erhielt ich eine Einladung nach Rotterdam, um dort mein Können am Klavier zu zeigen. Da mein Vater keine Zeit hatte, reiste ich mit meiner lieben Mutter in die fremde Stadt, das war ein ganz neues Erlebnis für mich.

Obwohl ich gerade einmal zehn Jahre alt war, hatte ich schon einige Musiklehrer gehabt – nun aber trat ein Mann in mein Leben, der zu meinem wichtigsten Kompositionslehrer werden sollte: *Christian Gottlob Neefe*. Er war Komponist und wurde als Hoforganist und als einer der musikalischen Leiter des Theaters engagiert. Er wurde mein Förderer und ich fühlte mich endlich richtig erkannt! Niemand zuvor hatte mich so intensiv mit den Kompositions-Geheimnissen meiner großen Vorbilder vertraut gemacht. Begeisterter denn je übte ich *Das wohltemperierte Klavier* von *Johann Sebastian Bach* und die Musik seines Sohnes *Carl Philipp Emanuel Bach*. Eifriger denn je studierte ich die Werke von *Joseph Haydn* und *Wolfgang Amadeus Mozart*. Und meine Anstrengung lohnte sich: Bereits mit 13 Jahren wurde ich zum stellvertretenden Hoforganisten ernannt. Und wenig später durfte ich bei Theateraufführungen das Cembalo spielen und sogar selber dirigieren!

Bei all diesen neuen Aufgaben und Pflichten vergaß ich nie das mir Allerwichtigste: Ich wollte ein anerkannter Komponist werden, ich wollte die Menschen mit einer Musik beglücken, die sie so noch nie vernommen hatten. Meinem verehrten Lehrer *Neefe* hatte ich es zu verdanken, dass drei meiner ersten Klaviersonaten gedruckt wurden, und er riet mir, sie dem Kurfürsten zu widmen. Durch die Widmung auf der ersten Seite der Notenblätter sollte sich der Kurfürst geschmeichelt fühlen und mich – hoffentlich – weiter unterstützen. *Neefe* machte mich auch mit vielen neuen philosophischen Ideen vertraut und regte mich ungeheuer zum Nachdenken über das Leben an.

Dies und das

In den adeligen Kreisen und bei den Auftritten vor illustrem Publikum musste der junge Ludwig natürlich auch mit der richtigen Ausstattung auftreten. Bäckermeister Fischer hat sie genau beschrieben:

„See grüne Frackrock, grüne, kurze Hoß mit Schnalle, weiße Seide oder schwarze Seide Strümpf, Schuhe mit schwarze Schlöpp, weiße Seide geblümde West mit Klapptaschen, mit Shappoe, das West mit ächte goldene Kord umsetz, fisirt mit Locken und Hahrzopp, Klackhud, unterm linken Arm sein Dägen mit einer Silberne Koppel."

Doch neben alldem warteten in diesen Jugendjahren noch ganz andere Aufgaben und Begegnungen auf mich: Mein Lehrer und Vorgesetzter hatte beste Kontakte zu reichen, gebildeten und adeligen Familien. Und plötzlich war ich nicht nur Lernender, sondern auch Lehrer!

Vor allem einer Familie hatte ich es angetan: Die Hofrätin *Helene von Breuning* engagierte mich für den Musikunterricht von zweien ihrer Kinder. Aus dieser Bekanntschaft entwickelten sich Freundschaften fürs Leben: Ihr Sohn, *Stephan von Breuning*, wurde ein enger Freund von mir, und *Franz Gerhard Wegeler*, mit dem mich ebenfalls eine lebenslange Freundschaft verband, heiratete später ihre Tochter *Eleonore*. Bei der Familie *von Breuning* fühlte ich mich rundum wohl und wurde freundlich aufgenommen. *Helene von Breuning* spürte, dass ich wissensdurstig war und möglichst viel über die große Welt und ihre Geschichte erfahren wollte, und so erzählte sie mir von berühmten Dichtern und Denkern. Und ganz nebenbei war ihr auch noch etwas anderes wichtig: Ich sollte mich im Kreis der Adeligen und Gebildeten richtig benehmen können!

Und dazu gab es bald reichlich Gelegenheit. Bei den großen Schlosskonzerten trat ich nicht nur als Organist, sondern auch als Cembalist und als Bratschist im Orchester auf. War ich früher ganz oft mit schmutziger Kleidung herumgelaufen, so besaß ich nun als 14-Jähriger eine feine, elegante Hofmusiker-Uniform und konnte vor dem erlesenen Publikum glänzen. Der hohe Adel und die kurfürstlichen Räte mit ihren Familien – alles was Rang und Namen hatte, war dort anwesend!

Die Folge dieser Aufgaben und Auftritte war, dass ich mich zunehmend von meiner Familie entfernte. Ich konnte es nicht ertragen, wie mein Vater immer mehr dem Alkohol zusprach und wie meine Mutter im öden Alltag dahinkränkelte. Ich wollte zu den Gebildeten gehören! Ich wollte wissen, was in den Köpfen der großen Geister vorging ...

Wissenswertes

1784 kam ein neuer Kurfürst nach Bonn: Maximilian Franz. Er war ein glühender Verehrer Mozarts und hätte ihn nur zu gerne als Kapellmeister nach Bonn geholt. Obwohl seine Regierung enorm sparen musste, wurde Ludwig neben seinem Vater und seinem Lehrer Neefe als 2. Hoforganist mit einer festen Besoldung von 150 Gulden angestellt. Drei Jahre später genehmigte Maximilian Franz dem so hoch Begabten gar eine Reise nach Wien, um sich dort als Pianist zu präsentieren und möglicherweise auch Mozart persönlich zu treffen.

Ich war inzwischen 16 Jahre alt und nur meine engsten Freunde ahnten wohl, welche Wünsche, welche Willenskräfte in mir rumorten. Das kurfürstliche Bonn bot mir reichlich Gelegenheit, um mich als Musiker zu entfalten. Doch da gab es eine Kaiserstadt, eine Kulturstadt, wohin sich damals wohl jeder sehnte, der mit und für die Kunst lebte: Wien! Hier waren die großen Meister der klassischen Musik zu Hause (falls sie nicht auf Konzertreise waren): *Haydn* und *Mozart*. Und nun hatte ich die Erlaubnis des Kurfürsten höchstpersönlich, meine Studien dort fortzusetzen.

Ich fasse es kurz, denn der Aufenthalt war auch nur sehr kurz: Ich konnte *Mozart* mit meinem Vorspiel beeindrucken – trotzdem war ich für ihn und für andere nur ein junger, begabter, vielversprechender Pianist aus Bonn. „Auf den gebt mal acht, der wird noch von sich reden machen!“, soll *Mozart* gesagt haben. Ich wollte es ihm und allen anderen beweisen!

Gerne wäre ich länger in dieser faszinierenden Großstadt geblieben. Doch eine traurige Nachricht rief mich zurück nach Hause: Meine Mutter war ernsthaft erkrankt. Glücklicherweise traf ich sie noch lebend an. Der Abschied von ihr war mehr als schmerzlich – auch wenn der Tod eine Erlösung für sie war. Für mich brach nun eine schwere Zeit an: Mein Vater gab sich mehr denn je dem Trinken hin. Seine Stimme, mit der er als Sänger das Geld verdiente, wurde immer schwächer. Mit der Verantwortung, seine beiden jüngeren Söhne zu erziehen und zu ernähren, war er vollends überfordert. Ob ich wollte oder nicht: Ich musste diese Aufgabe übernehmen!

Als Bratschist in der Hofkapelle hatte ich mir inzwischen einen Namen gemacht und verdiente genug Geld für meine Familie. Außerdem komponierte ich viel, vor allem für das von mir so geliebte Klavier, aber auch Kammermusik und Lieder.

Wie viele andere Menschen in Europa war auch ich begeistert von den neuen politischen und philosophischen Ideen. Ich spürte, dass ich in einer ganz besonderen Zeit lebte, und wollte mit meiner Musik zum Fortschritt der Menschheit beitragen. An der Bonner Universität, an der ich ab 1789 gelegentlich Vorlesungen hörte, lernte ich die Schriften wichtiger Denker kennen. Mit meinen Freunden und Bekannten diskutierte ich in Gasthäusern und privaten Gemächern: Wie könnte die beste Staatsform aussehen? Wie könnte dem einzelnen Menschen möglichst viel Freiheit gegeben werden?

Freiheit, das wollten auch viele Franzosen, und so begann 1789 die Französische Revolution, die sich das Motto „Freiheit, Gleichheit, Brüderlichkeit!“ auf die Fahnen geschrieben hatte. Die Bauern und die Bürger wollten nicht mehr von den wenigen adeligen Reichen, die in Saus und Braus lebten, regiert werden – sie wollten ihr Schicksal selbst in die Hand nehmen. Und ich gestehe: Mein Drang war es, das, was Dichter und Philosophen dazu in Worten ausdrückten, in meiner eigenen Sprache, der Notensprache, niederzuschreiben und für möglichst viele hörbar zu machen. Ich las die Schriften und Texte von berühmten Dichtern wie *Johann Wolfgang von Goethe* und *Friedrich Schiller*. Zu ihren Worten wollte ich die passenden Klänge finden – nichts sollte mich daran hindern ...

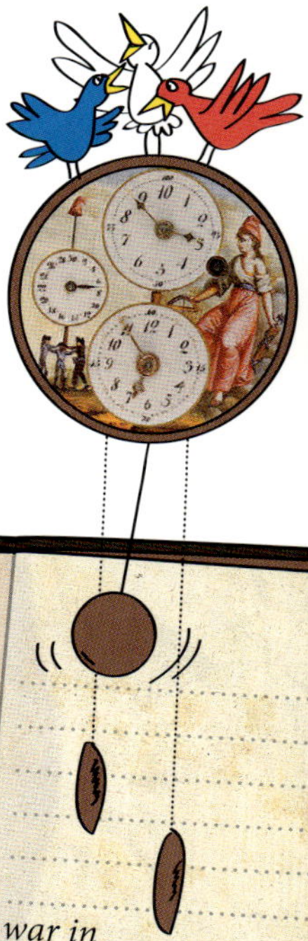

Es war ein glücklicher Zufall, dass im Juli 1792 der überall verehrte und gefeierte Komponist *Joseph Haydn* auf der Rückreise aus London Halt in Bonn machte. Zwei Jahre zuvor hatte ich schon einmal die Ehre gehabt, ihm vorgestellt zu werden – allerdings hatte ich wohl keinen großen Eindruck auf ihn gemacht. Nun, bei seinem zweiten Besuch, wollte ich ihm beweisen, was in mir steckte:
Ich legte dem Meister meine soeben fertiggestellte *Kantate auf die Erhebung Leopolds des Zweiten zur Kaiserwürde* vor. Und: Er war so beeindruckt, dass er bereit war, mir Kompositionsunterricht zu erteilen – bei sich zu Hause in Wien. Das wiederum beeindruckte den Kurfürsten: *Maximilian Franz* stellte mich von meinen Aufgaben in der Hofkapelle frei und versprach mir, die Kosten für meine Ausbildung in Wien zu übernehmen!

Wissenswertes

1789 brach die Französische Revolution aus. Als Ludwig 1792 nach Wien kam, fürchtete man in der Stadt ebenfalls eine Revolution nahen. Aber auch hier begannen viele Persönlichkeiten des Adels nachzudenken: Müssen die politischen Herrscher so autoritär sein? Muss die Kirche so strenge Regeln vorgeben? Dieses Denken, das man auch „Aufklärung“ nennt, war in Wien weit verbreitet und so war Beethoven mit seiner freiheitsliebenden Einstellung hoch willkommen.

Dies und das

*In jenen Aufbruchzeiten tauchte in Ludwigs Leben ein wichtiger Freund und Gönner auf: Graf Ferdinand Waldstein! 1792 schrieb er in das Stammbuch des soeben von Joseph Haydn eingeladenen Musikers: „Lieber Beethoven! Sie reisen itzt nach Wien zur Erfüllung Ihrer so lange bestrittenen Wünsche. Mozarts Geist Trauert noch ... durch Haydn wünscht er, noch einmal mit jemandem vereinigt zu werden. Durch ununterbrochenen Fleiß erhalten Sie: Mozarts Geist aus Haydns Händen.“
Wolfgang Amadeus Mozart konnte Ludwig bei seiner zweiten Wien-Reise leider nicht mehr treffen, das ehemalige Wunderkind war schon im Dezember 1791 mit nur 35 Jahren gestorben. Der 24 Jahre ältere Joseph Haydn hingegen befand sich auf dem Höhepunkt seines Ruhmes.*

Im November 1792 reiste ich nach Wien. Es war eine bewegte Zeit: Der Krieg hatte begonnen. Französische Revolutionstruppen drangen schon bis in meine Heimat, das Rheinland, vor. Fast gleichzeitig mit mir musste auch der Kurfürst Bonn verlassen. Große politische Veränderungen standen bevor ...

Acht Tage brauchte die Kutsche bis Wien – was würde mich hier, in der Fremde, erwarten?

Dank einiger Empfehlungsschreiben meiner adeligen Gönner wurde ich, wie erhofft, überaus freundlich empfangen. Meine erste Bleibe war zwar nur ein bescheidenes Dachstübchen – doch schon bald kam ich großzügiger unter: Der gerade mal neun Jahre ältere Fürst *Karl von Lichnowsky* bot mir nicht nur zwei Zimmer in seinem Stadthaus an, sondern auch seine Freundschaft. Und eine solche Beziehung war für mich ein Glücksfall sondergleichen: Als großer Musikliebhaber unterhielt er nämlich ein eigenes Streichquartett, für das er neue Kompositionen suchte. Nicht nur das: Begeistert von meinem Klavierspiel, lud er mich ein, auf seinen Matineen als Pianist aufzutreten ... mit der Folge, dass ich innerhalb kürzester Zeit in der Wiener Gesellschaft bekannt wurde!

Am wichtigsten allerdings war für mich, das Handwerk und die Kunst des Komponierens so perfekt wie nur irgend möglich zu erlernen. Natürlich war es eine große Ehre, von *Joseph Haydn* unterrichtet zu werden. Doch der berühmte Komponist war leider sehr beschäftigt und konnte sich nicht so intensiv um mich kümmern, wie ich es mir gewünscht hätte.

Dies und das

Der inzwischen 61-jährige Joseph Haydn gab Ludwig nicht nur Unterricht, er lieh ihm auch Geld. Obwohl das Verhältnis zwischen dem erfolgreichen älteren und dem jungen Komponisten nicht immer einfach war, bat Haydn in einem Brief den Kurfürsten Maximilian Franz in Bonn um großzügigere Unterstützung für Ludwig:

Euer Kurfürstliche Durchlaucht!

... Kenner und Nicht-Kenner müssen aus gegenwärtigen Stücken unpartheyisch eingestehen, daß Beethoven mit der Zeit die Stelle eines der größten Tonkünstler Europas vertreten werde.

... In der Hoffnung, daß Eure Kurfürstliche Durchlaucht diese meine Bitte meinem lieben Schüler zu dessen fernerer Unterstützung mögen gnädigst zukommen lassen, bin ich mit tiefester Ehrfurcht

Eurer Kurfürstlichen Durchlaucht untertänigst-gehorsamster

Joseph Haydn

Darum suchte ich heimlich nach weiteren Lehrmeistern, nahm Unterricht bei anderen Musik-Größen und lernte von jedem etwas Neues: *Johann Georg Albrechtsberger* hieß der eine und war Komponist und Domkapellmeister. *Johann Schenk*, ein Singspielkomponist, hieß der andere. Mehr noch erwartete ich aber von dem berühmten Hofkapellmeister und Komponisten *Antonio Salieri*. Um von ihm unterrichtet zu werden und alle seine Kompositionskünste zu verstehen, nahm ich extra Italienisch-Stunden …

Was das Klavier betraf, so war ich mir meines Könnens sicher. Trotzdem reizte es mich, immer wieder bei Wettkämpfen mit anderen Pianisten meine Einzigartigkeit zu beweisen … vor allem beim freien Improvisieren. So passierte das, was jedem Menschen guttut: Ich wurde zu immer neuen Auftritten in die Salons der Reichen geladen. Ich wurde beklatscht und bewundert.

In meiner ersten Zeit in Wien hatte ich viele Ideen für neue Werke und immer wenn ich unterwegs war, trug ich Papier und Stift bei mir, um meine Einfälle notieren zu können. Ich war glücklich, immer mehr Solisten und Künstler ihres Fachs kennenzulernen. Jeder von ihnen konnte mir neue Geheimnisse verraten, welche besonderen Töne und Melodien sich den einzelnen Instrumenten entlocken ließen …

Bald schon machte mich *Joseph Haydn* mit einer weiteren wichtigen Persönlichkeit des Musiklebens bekannt, dem Fürsten *Nikolaus II. Esterházy*. Er war ein großer Förderer der Musik und insbesondere meines Lehrers, der mich 1793 auf *Esterházys* Schloss in Eisenstadt mitnahm.

Überschattet wurde meine Ankunft in Wien allerdings durch ein trauriges Ereignis: Mein Vater starb. Meine jüngeren Brüder, beide noch in der Ausbildung, standen in Bonn plötzlich ganz allein, ohne Familie, da. Doch nach einiger Zeit konnte ich sie überreden, mir nach Wien zu folgen.

Wissenswertes

In den Wiener Musikkreisen galt der Geiger Ignaz Schuppanzigh als einer der Superstars – er leitete ab 1794 auch das Streichquartett des Fürsten Lichnowsky. Ludwig ließ sich von ihm auf der Violine unterrichten, um auch für dieses Instrument virtuoses komponieren zu können. Es entstand eine innige Freundschaft – Schuppanzigh sollte später die meisten Streichquartette Ludwigs uraufführen und bekannt machen.

Wegen seiner Körperfülle nannte ihn Ludwig liebevoll „Falstafferl", nach einer beleibten Figur, die in Opern von Ludwigs Lehrer Salieri oder auch von Verdi vorkommt.

Das hatte ich ersehnt, darauf hatte ich nun viele Jahre mit größtem Fleiß und Ehrgeiz hingearbeitet: Komponiert hatte ich ja inzwischen schon alles Mögliche – doch erst jetzt waren meine Werke so gelungen, dass ich ihnen ganz offiziell Nummern geben wollte.

Mein *Opus 1* wurde 1795 zum ersten Mal aufgeführt und machte sofort Furore: Alle möglichen Adeligen interessierten sich für diese drei Klaviertrios – darunter mein späterer Gönner Fürst *Josef Franz Max Lobkowitz*. Besonders gespannt waren die Zuhörer aber auf das Urteil des berühmtesten lebenden Komponisten *Joseph Haydn*. Und was für ein Glück: Er lobte die Werke!

Aus Dankbarkeit (und mit ein bisschen Berechnung) widmete ich ihm mein *Opus 2*: drei Klaviersonaten. Und so ging es nun in rasantem Tempo weiter …

1795 war aber noch in anderer Hinsicht ein wichtiges Jahr für mich: Ich trat erstmals öffentlich auf. In den fürstlichen Salons durfte ich schon seit meiner Ankunft in Wien meist als Solist und Improvisator mein Können zu Gehör bringen. Nun aber stand ein Konzert im berühmten Hoftheater, dem heutigen Wiener Burgtheater, auf dem Programm, in dem ich als Solist sogar ein eigenes Klavierkonzert spielen konnte.

Und dann, Anfang 1796, ging es mit Fürst *Lichnowsky* auf eine mehrmonatige Konzertreise – was für Erlebnisse, was für ein Erfolg! Zunächst weilten wir in Prag. In der Musikmetropole Dresden durfte ich dann vor dem sächsischen Kurfürsten *Friedrich August III.* auftreten. Über Leipzig ging es weiter nach Berlin, wo der Preußenkönig *Friedrich Wilhelm II.* meinen *Sonaten für Violoncello und Klavier op. 5* lauschte. Er belohnte meinen Auftritt mit einer wertvollen, mit Goldmünzen gefüllten Schnupftabakdose. In Berlin lernte ich gleich auch noch den Prinzen *Louis Ferdinand* kennen – ihm widmete ich später mein *3. Klavierkonzert*!

Mit noch nicht einmal 30 Jahren hatte ich geschafft, was kaum einem Komponisten vor mir in so kurzer Zeit gelungen war: Ich wurde von einem Fürsten zum nächsten gereicht und bekam glänzende Kritiken in den Musikzeitschriften.

Anders als die meisten meiner Berufskollegen konnte ich dabei meine Freiheit behalten und musste keine feste Stelle annehmen.

Dies und das

Viele Kompositionen Ludwigs sind ernst, schwermütig oder feierlich. Aber auch das Heitere hat ihn immer wieder angesprochen – bereits Anfang der 1790er-Jahre begann er, das Floh-Gedicht des berühmten Dichters Johann Wolfgang von Goethe zu vertonen. Erst 1809 stellte Ludwig das Lied dann fertig.

Der Anfang des Floh-Liedes geht so:

„Es war einmal ein König,
Der hatt' einen großen Floh.
Den liebt' er gar nicht wenig,
Als wie seinen eignen Sohn.
Da rief er seinen Schneider,
Der Schneider kam heran:
Da, miß dem Junker Kleider
Und miß ihm Hosen an!"

Und so ganz nebenbei ergaben sich auch noch Kontakte, die mein Herz mal mehr, mal weniger berührten: Die Schwestern *Therese* und *Josephine von Brunsvik* wurden meine Schülerinnen. Besonders *Josephine* hatte es mir angetan – leider heiratete sie nicht mich, sondern einen wesentlich älteren Grafen. Später himmelte ich die gerade erst 17-jährige Gräfin *Giulietta Guicciardi* an (der ich 1801 die *Mondschein-Sonate* widmete). Allerdings war ich in meinen Herzensangelegenheiten ein sehr verschwiegener Mensch – so hielt ich es (mit ganz wenigen Ausnahmen) mein ganzes Leben.

Trotz all dieser Erfolge wurde ich nicht hochmütig, im Gegenteil! Ich fühlte mich einfach nur gestärkt und auch etwas verstanden: Denn ich war entschlossen, als Komponist nicht das zu kopieren oder fortzusetzen, was meine Vorbilder geschaffen hatten. Ich wollte neue Formen der Musik erfinden – jedes meiner Werke sollte einen ganz persönlichen Ausdruck haben und unverwechselbar sein. So gelang es mir, in meiner 1798/99 entstandenen *Sonate pathétique op. 13* für Klavier leidenschaftliche Gefühle hörbar werden zu lassen.

Neben der Musik sorgte ich mich aber auch immer um meine Familie: Das Schicksal und die weitere Ausbildung meiner Brüder, die kurz hintereinander ebenfalls nach Wien gezogen waren, lagen mir am Herzen. Leider lebten wir in völlig verschiedenen Welten: *Kaspar Karl* wurde Kassenbeamter bei der staatlichen Verwaltung – zeitweise war er als mein Sekretär tätig. Der Jüngere, *Nikolaus Johann*, blieb etliche Jahre als Apothekergehilfe in Wien – später wurde er ein erfolgreicher und wohlhabender Apotheker im nahe gelegenen Linz.

Natürlich gab es für mich nicht nur Arbeit, sondern auch Mußestunden: Dann saß ich in einem der gemütlichen Kaffeehäuser. Genoss den guten Wiener Kaffee oder ein Weinchen. Schmauchte mein Pfeifchen und vertiefte mich in die Zeitungen, um das Neueste aus Politik und Kultur zu erfahren.

Wissenswertes

Ludwig war sehr interessiert an den politischen Umwälzungen in den europäischen Staaten. Vor allem ein gewisser Napoleon Bonaparte hatte es ihm angetan: 1769 auf der Insel Korsika geboren, musste er ähnlich wie Ludwig in sehr jungen Jahren eine strenge Ausbildung über sich ergehen lassen – allerdings auf einer Militärschule. Er war auch nicht minder bildungshungrig und ehrgeizig – schon mit 16 Jahren begann seine steile Karriere in der Armee. Und genau wie Ludwig war er begeistert von den revolutionären Zielen: Freiheit, Gleichheit, Brüderlichkeit! 1799 wurde Napoleon Erster Konsul der Französischen Republik ... und damit war sein Aufstieg noch längst nicht beendet.

Ein neues Jahrhundert begann und der 2. April 1800 war ein bedeutsamer Tag für mich: Ich durfte meine erste eigene Akademie, ein von mir selbst organisiertes Konzert im Hofburgtheater, veranstalten. Anders als es bei solchen musikalischen Ereignissen sonst üblich war, beschränkte ich mich nicht auf meine Vorbilder *Haydn* und *Mozart*, sondern brachte eigene Werke zu Gehör: Ich spielte mein *1. Klavierkonzert,* außerdem wurden mein *Septett* und meine *1. Symphonie* aufgeführt. Zum Abschluss begeisterte ich mein Publikum: Ich spielte frei und ohne Noten am Klavier, was mir in diesem Moment in den Sinn kam.

Obwohl ich also in jungen Jahren ein weit über Wien hinaus bekannter Komponist geworden war, war mein Einkommen nicht gesichert: Ich war in ständiger Sorge, wie ich das Geld für meine Kleidung und den guten Wein aufbringen sollte. Wie würde ich die Bediensteten bezahlen, die mein Chaos im Haushalt in den Griff bekommen sollten? Glücklicherweise meinte es das Schicksal gut mit mir: Der musikbegeisterte Fürst *Karl von Lichnowsky* gewährte mir ein Jahresgehalt von 600 Gulden. Und damit nicht genug: Als Anerkennung für meine ersten *Streichquartette op. 18* bekam ich die vier dazu nötigen Instrumente von ihm geschenkt – ich durfte stolz sein!

Neben dem Komponieren hatte ich auch weiterhin einige Schüler. Zwei von ihnen, *Carl Czerny* und *Ferdinand Ries*, der Sohn meines alten Bonner Geigenlehrers, wurden mir treue Helfer und lebenslange Freunde. Zum Glück war auch mein alter Jugendfreund *Stephan von Breuning* von Bonn nach Wien übergesiedelt. Mit *Franz Gerhard Wegeler* und meinem neuen Freund *Karl Amenda* wiederum hielt ich engen brieflichen Kontakt. Sie alle waren mir eine wichtige Stütze, ihnen konnte ich mitteilen, was mich seit Kurzem bedrückte und mir Angst machte:

Mit meinem Gehör stimmte etwas nicht! Ich musste mich mehr und mehr anstrengen, um Gesprächen zu folgen. Was für eine erschreckende Vorstellung, die eigene Musik oder die Musik anderer nicht mehr in ihrem vollen Klang wahrnehmen zu können!

Die Ärzte konnten mir nicht wirklich helfen. Was also blieb mir anderes übrig, als auf Besserung zu hoffen? Oder es mir möglichst nicht anmerken zu lassen: Das hatte aber auch zur Folge, dass ich mich immer mehr zurückzog oder schlichtweg in bedrückter oder schlechter Stimmung war (wie mir zum Beispiel meine Brüder vorwarfen!). Da man mir empfohlen hatte, mich in der Natur zu erholen, reiste ich 1802 in das Dorf Heiligenstadt bei Wien. Die Zeit dort war ein Tiefpunkt in meinem Leben, ich war sehr deprimiert und haderte mit meinem Schicksal.

Wissenswertes

Napoleon Bonaparte *bewies als oberster Feldherr der französischen Armee nicht nur seine Fähigkeit, erfolgreich Kriege zu führen – er wurde auch immer machtbesessener. Fast ganz Europa fürchtete seine Eroberungs-Feldzüge. Sogar zu Hause in Frankreich wurde jeder mundtot gemacht, der nicht seiner radikalen politischen Ansicht war. Aber er war auch Musik-Liebhaber: Auf dem Weg in die Oper, um* Haydns Schöpfung *zu erleben, entging der Diktator einmal nur knapp einem Anschlag auf seine Kutsche – viele andere mussten sterben!*

Trotz all meiner gesundheitlichen Nöte – aber darüber mochte ich am liebsten nie sprechen – war mein Schaffensdrang größer denn je. Genau zu dieser Zeit, Anfang 1803, kam *Emanuel Schikaneder*, der Direktor des Theaters an der Wien, auf mich zu und bat mich, eine Oper zu komponieren. Ich fühlte mich sehr geehrt, denn *Schikaneder* hatte schon viele Bühnenstücke und Texte für Opern geschrieben – sein größter Erfolg war sein Libretto für *Mozarts* Oper *Die Zauberflöte*. Mein Studium bei *Salieri* und die unzähligen Opern-Besuche seit meiner Kindheit waren also nicht umsonst gewesen – nun musste ich mich beweisen. Hochoffiziell wurde ich Angestellter des Theaters an der Wien. Von Januar 1803 bis Mai 1804 lebte ich sogar in einer Dienstwohnung direkt im Theater …

Schon bald bekam ich ein Libretto, das mich faszinierte: Es hieß *Leonore* und erzählte die Geschichte einer Rettung und Befreiung. Die mutige Leonore verkleidet sich darin als Mann und nennt sich Fidelio. So schleust sie sich unerkannt als Diener bei Kerkermeister Rocco ein, der auf Befehl von Don Pizarro in einem Verlies ihren Gatten Florestan gefangen hält. Es gibt viele Verwicklungen, weil sich die Tochter des Kerkermeisters, Marzelline, in Fidelio verliebt – sie hält Leonore in ihren Männerkleidern natürlich für einen Mann. Zu guter Letzt schafft es Leonore, zu ihrem Ehemann zu gelangen. Todesmutig schützt sie ihn vor einem böswilligen Angriff Pizarros, der ihm nach dem Leben trachtet. Gerade noch rechtzeitig trifft der Minister, ein Freund Florestans, im Gefängnis ein und lässt alle Gefangenen frei.

Später benannte ich die Oper in *Fidelio* um. Die Arbeit daran kostete mich ungeheuer viel Kraft und ich muss gestehen: Die Uraufführung 1805 war ein Reinfall – eine Schmach, die mir sehr zusetzte! Erst meine dritte Fassung brachte 1814 den erhofften Erfolg.

Die Oper war natürlich nicht meine einzige Komposition in dieser Zeit. Nebenbei schrieb ich an anderen Werken, etwa an meiner inzwischen dritten Symphonie, die heldenhaft klingen sollte und später den Beinamen *Eroica* erhielt. Manche meinten, diese Symphonie sei meine anspruchsvollste. Zunächst hatte ich sie *Napoleon* gewidmet. Als ich dann aber erfuhr, dass mein Held dem Größenwahn verfiel und sich selber zum Kaiser krönte, war es mit meiner Bewunderung schlagartig vorbei: Ich strich meine Widmung ersatzlos. Wie begründet meine Enttäuschung über *Napoleon* war, sollte sich alsbald schon beweisen ...

Alles in allem schien 1803 ein Glücksjahr für mich zu sein: Der berühmte französische Klavierbauer *Sébastien Érard* vermachte mir einen Flügel neuester Bauart. Und an „meinem" Theater durfte ich eine Große Akademie veranstalten. Ein Mammut-Programm sollte das Publikum begeistern: meine *1. Symphonie*, die Uraufführung der *2. Symphonie*, das *3. Klavierkonzert* und *Christus am Ölberge*, die Vertonung eines religiösen Textes.

Inzwischen wechselte ich – wie so oft in meinem Leben – mal wieder die Wohnung und lebte unter einem Dach mit meinem Freund *Stephan von Breuning*. Ich war auf seine Hilfe angewiesen, denn mein immer schlechter werdendes Gehör beeinträchtigte mich sehr.

Trotz aller Schwierigkeiten verlor ich jedoch nicht die Lust am Komponieren. Im Gegenteil: Leid und Probleme schienen mich zeitweise sogar zu beflügeln. Ich vollendete nun endlich auch mein *Violinkonzert* (es sollte mein einziges bleiben). Ich hatte das Werk extra für den Geiger *Franz Clement* geschrieben, der das Konzert allerdings ohne vorherige Probe bei der Uraufführung 1806 vom Blatt spielen musste – ich war leider nicht früher fertig geworden.

Wissenswertes

Ludwig fand immer wieder Gefallen daran, die Klangfarben des Klaviers mit denen anderer Instrumente zu kombinieren: am liebsten mit der Violine oder mit dem Cello ... aber auch mit Horn, Flöte oder Bratsche. 1804 komponierte er das sogenannte Tripelkonzert: Darin unterhält sich eine Violine mit einem Klavier und einem Cello und das Orchester sorgt für klangliche Fülle und Tiefe ...

Dies und das

Wie selbstbewusst und temperamentvoll Ludwig sein konnte, zeigte sich während eines Sommeraufenthalts bei seinem langjährigen Gönner, dem Grafen Lichnowsky: Gemeinsam mit ihm besuchte er den Grafen Franz von Oppersdorf, der Ludwig zwei große Kompositionsaufträge gab. Als er aber mit dessen Orchester vor französischen Offizieren auftreten sollte, weigerte er sich – tief enttäuscht über das politische Treiben Napoleons.

Ludwig reiste wütend ab ... und vorbei war es mit Lichnowskys finanzieller Unterstützung!

„Ta-ta-ta-taa!“ machte es in mir! In diesen vier Tönen hörte ich das Schicksal an die Tür klopfen. Schon 1803 hatte ich diese musikalische Idee im Kopf, aber erst im Frühjahr 1807 nahm mein Werk langsam Gestalt an. Aus diesem knappen Schicksals-Motiv, dieser kurzen Tonfolge, entstand nun ein großes Ganzes, meine 5. *Symphonie*.

Fast gleichzeitig arbeitete ich an einer weiteren Symphonie, die aber einen ganz anderen Charakter haben sollte: Seit meiner Kindheit liebte ich die Natur. Das Wandern über Wiesen und durch Wälder beglückte mich. Die unfassliche Vielfalt an Pflanzen und Tieren schenkte mir zugleich Ruhe und Anregung. Nirgendwo sonst konnte ich mich so auf mich und meine musikalischen Ideen konzentrieren. Deshalb war ich froh, dass mehrere meiner adeligen Gönner Landsitze besaßen und mich gerne dorthin einluden. Ein anderer Grund für diese sommerlichen Aufenthalte war mein schlechter Gesundheitszustand. Die Ärzte rieten mir zu Kuren in den Bädern unweit von Wien – es sollte vor allem meinem Gehör helfen. Tatsächlich aber wurde es schlimmer und schlimmer …

Oft nahm ich die Notenskizzen, die in der hektischen Stadt entstanden waren, mit auf meine Reisen. Die Geräusche und Klänge, die ich auf meinen ländlichen Streifzügen hörte, inspirierten mich: der Gesang der Nachtigall, der Wachtel, und des Kuckucks – in meiner Komposition sollten die Flöte, die Oboe und die Klarinette genau wie diese Vögel klingen. Auch ist zu hören, wie sich Landleute zu einem heiteren Beisammensein treffen. Später ziehen in meiner Musik dunkle Wolken auf. Es stürmt und ein Gewitter entlädt sich. Am Schluss erklingt ein Waldhorn … so entstand ein großes, buntes Tongemälde, meine *6. Symphonie*, die ich *Pastorale* nannte!

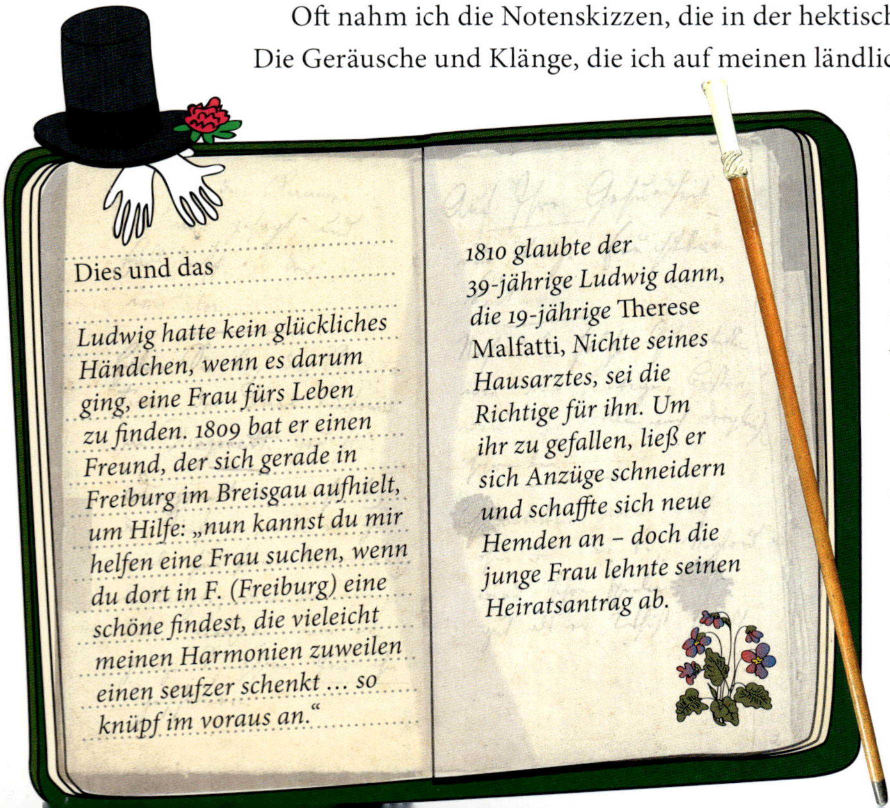

Dies und das

Ludwig hatte kein glückliches Händchen, wenn es darum ging, eine Frau fürs Leben zu finden. 1809 bat er einen Freund, der sich gerade in Freiburg im Breisgau aufhielt, um Hilfe: „nun kannst du mir helfen eine Frau suchen, wenn du dort in F. (Freiburg) eine schöne findest, die vieleicht meinen Harmonien zuweilen einen seufzer schenkt … so knüpf im voraus an.“

1810 glaubte der 39-jährige Ludwig dann, die 19-jährige Therese Malfatti, Nichte seines Hausarztes, sei die Richtige für ihn. Um ihr zu gefallen, ließ er sich Anzüge schneidern und schaffte sich neue Hemden an – doch die junge Frau lehnte seinen Heiratsantrag ab.

Zurück in der riesigen, pulsierenden Stadt Wien konnte ich nicht länger in der Schönheit der Natur schwelgen, sondern musste mich lästigen Alltagsproblemen widmen: Wieder einmal stand ein Umzug an, weil mir meine Behausung nicht behagte. Das kam ziemlich oft vor, muss ich gestehen. In meinen Wiener Jahren lebte ich wohl in rund 30 (!) verschiedenen Wohnungen. Außerdem hatte ich oft Auseinandersetzungen mit meinen unzuverlässigen Hausangestellten. Sie hielten es selten lange bei mir aus. Da ich immer noch keine Frau fürs Leben gefunden hatte, musste ich mich um alles selbst kümmern. Ich war freilich auch kein einfacher Mensch und konnte schnell zornig werden …

Zum Glück hielt mein Leben auch Erfreuliches bereit: Zwei Tage vor Weihnachten 1808 – ich war inzwischen 38 Jahre alt – konnte ich neuerlich eine Akademie zu meinen Gunsten im Theater an der Wien veranstalten: Es gab die Uraufführung der 5. und der *6. Symphonie*. Zudem spielte ich mein *4. Klavierkonzert* und improvisierte. Auch Gesang wurde dargeboten: die Arie *Ah! perfido* und Teile meiner *Messe op. 86*, die kein geringerer als Fürst *Nikolaus Esterházy* bei mir in Auftrag gegeben hatte!

Leider war es viel zu kalt im Konzertsaal und das Programm viel zu lang: Die Zuhörer froren und liefen uns in Scharen davon – die erhofften Einnahmen blieben aus …

Umso wichtiger für mich wurden die Verhandlungen mit Erzherzog *Rudolph*, Fürst *Kinsky* und Fürst *Lobkowitz*, die mir ein jährliches Einkommen gewähren wollten. Ihre Freigebigkeit hatte einen Grund: *Jérôme Bonaparte*, der Bruder von *Napoleon* und König von Westfalen, hatte mir eine sehr gut bezahlte Stelle als Hofkapellmeister in Kassel angeboten. Da mich meine drei Verehrer keinesfalls ziehen lassen wollten, griffen sie tief in ihre Taschen! So durfte ich schlussendlich einen Vertrag unterzeichnen, der mir in Zukunft ein Jahresgehalt von 4000 Gulden sicherte!

Wissenswertes

Kaum hatte Ludwig seinen Unterhalt durch einen Vertrag abgesichert, erklärte Österreich Frankreich den Krieg. Die kaiserliche Familie floh aus Wien, mit ihr auch Erzherzog Rudolph. Wie so oft regte auch dieses schicksalsschwere Ereignis Ludwig zu einem großen Werk an – als Abschiedsgeschenk schrieb er für Erzherzog Rudolph eine seiner schönsten Klaviersonaten: Les Adieux *das heißt: das Lebewohl.*

Bald darauf, am 11. Mai 1809, beschossen die französischen Truppen Wien und Ludwig versteckte sich aus Angst die ganze Nacht im Keller, mit Kissen über dem Kopf.

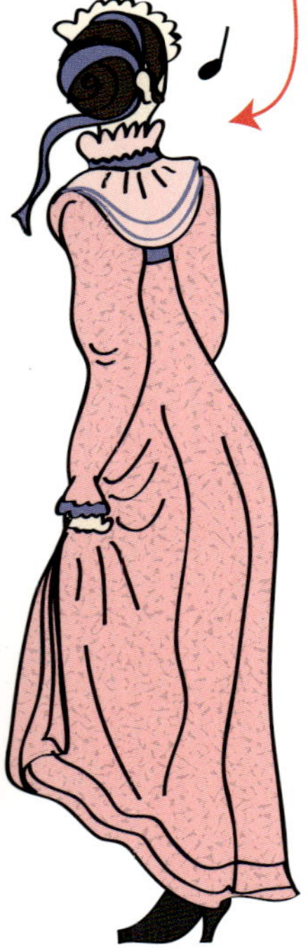

Jeder Mensch braucht wohl Geheimnisse – auch ich, der zuweilen so glücklich, doch meistens eher unglücklich verliebte Beethoven: Die Nachwelt mag rätseln, wer die Frau war, in die ich unsterblich verliebt war und der ich 1812 in verschiedenen Briefen meine so tiefen Gefühle gestand. Ich verrate hier nur eines: Meine große Liebe weilte damals in Karlsbad und leider ließen es die Verhältnisse nicht zu, dass wir Mann und Frau wurden.

Oftmals hat mich in meinem Leben der Pfeil der Liebe getroffen. Seit ich in Wien wohnte, gab es fast immer eine Herzensdame – meist allerdings nur für kurze Zeit. Auch meinem Schüler *Ferdinand Ries* war nicht verborgen geblieben, dass ich den Frauen sehr gerne nachsah – „besonders schöne, jugendliche Gesichter" hätten es mir angetan, meinte er. Nicht selten regten mich die jungen Frauen an, meiner Liebe musikalisch Ausdruck zu verleihen – wie zum Beispiel in der bekannten Klavier-Komposition: *Für Elise*.

Inzwischen war meine Schwerhörigkeit so weit fortgeschritten, dass ich ein Hörrohr benötigte – das war unbeschreiblich schlimm für mich! Glücklicherweise hatte ich *Johann Nepomuk Mälzel*, einen hochinteressanten Mann, kennengelernt. Er hatte etwas Sensationelles erfunden: das Metronom. Ein Instrument, das uns Musikern sozusagen den Takt angibt! Aber eben nicht nur dies, er konstruierte mir auch diverse Hörgeräte …

Allerdings halfen auch die bald nicht mehr, mein Leiden wurde immer schlimmer. Ich musste mir etwas einfallen lassen und legte mir Konversationshefte zu. In diesen Heften konnten meine Besucher das aufschreiben, was sie mir mitteilen wollten – ein „normales" Gespräch war für mich leider nicht mehr möglich. Kann man verstehen, dass ich immer verzweifelter wurde, mich immer mehr in die Einsamkeit und meine Musikwelt flüchtete? Dort konnte ich mich ausleben und in Tönen ausdrücken, was ich fühlte, was mich bedrängte.

Dies und das

Während eines sommerlichen Kuraufenthalts im böhmischen Teplitz 1812 traf Ludwig einen berühmten Dichter, dessen Werke er schon als junger Mann gerne gelesen hatte: Johann Wolfgang von Goethe. Zwar schrieb der viel Ältere an seine Frau Christiane: „energischer, inniger habe ich noch keinen Künstler gesehen", er hielt Ludwig jedoch auch für eine „ungebändigte Persönlichkeit". Die beiden waren einfach zu verschieden! Aber Ludwig verehrte Goethes Werke und vertonte viele davon.

Mir waren in letzter Zeit große Werke gelungen: meine lebensfrohe *7. Symphonie* und meine *8. Symphonie* – beide in ihrer Stimmung sehr verschieden ... ganz so, wie auch meine Stimmung extrem schwankte.

Endlich ging auch der Krieg zu Ende. 1814 war mein ehemals so verehrter *Napoleon* besiegt. In Wien berieten nun Staatsmänner und Monarchen darüber, wie die Grenzen der Staaten in Europa zukünftig verlaufen sollten. Dieser sogenannte Wiener Kongress war bestimmt das größte politische Ereignis meiner Zeit und ich schrieb aus diesem Anlass die Kantate *Der glorreiche Augenblick*. Im Herbst konnte ich das Werk zusammen mit meinem Orchesterwerk *Wellingtons Sieg*, in dem ich den Sieg über die Franzosen in Musik verwandelt hatte, zur Aufführung bringen. Zu dem Konzert erschienen Prinzen und Prinzessinnen, Grafen und Fürsten, kurz alles, was Rang und Namen hatte – und sie waren begeistert!

Dann aber geschah etwas und vereinnahmte mich so sehr, dass meine Schaffenskraft jahrelang fast vollends gelähmt wurde: Mein Bruder Kaspar Karl starb 1815 und ich war in seinem Testament als Vormund seines neunjährigen Sohnes Karl vorgesehen. Für mich, der ich keine Gemahlin gefunden und keine eigene Familie hatte, bot sich damit die Gelegenheit, endlich ein Kind mein Eigen nennen zu dürfen. Eigentlich sollte ich der Mutter nur bei der Erziehung beistehen, doch das genügte mir nicht: Ich wollte den Jungen ganz für mich. Die Witwe meines Bruders wollte ihren Sohn natürlich nicht für immer hergeben und so musste ich vor Gericht ziehen. Ein langwieriger Rechtsstreit begann, der meine inzwischen sehr angeschlagene Gesundheit noch mehr schwächte. Aber ich fühlte mich verantwortlich. Ich fühlte mich als Vater. Ich musste mich um die Ausbildung „meines Sohnes“ kümmern. Ich brauchte Haushaltshilfen zur Unterstützung und gute Lehrer. Ich will nicht verschweigen, welche Mühe und wie viel Geld mich das alles kostete ...

Wissenswertes

Johann Nepomuk Mälzel war ein verrückter Erfinder. Er konstruierte nicht nur das Metronom und für den fast tauben Ludwig diverse Hörrohre – er präsentierte den Wienern auch immer neue Musik-Maschinen: zum Beispiel einen „Mechanischen Trompeter“ und ein „Panharmonikum“. Für dieses Musik spielende, automatische Harmonium suchte er Kompositionen, mit denen er das Zauber-Gerät sozusagen programmieren konnte. Da kam ihm der ebenfalls etwas verrückte Ludwig gerade recht: dessen Komposition Wellingtons Sieg *oder die* Schlacht bei Vittoria *mit viel Bläser-Getöse und Hymnen war für seine Erfindung ideal geeignet ...*

Ich will nicht all die Probleme, all die Sorgen aufzählen, die mir „mein Sohn“ im Laufe der Jahre machte ... ganz zu schweigen von dem ewigen Hin und Her mit seiner Mutter, der ich schließlich auch noch mit Geld unter die Arme greifen musste! Das Drama gipfelte zuletzt gar in einem Selbstmordversuch von Karl.

Mit meiner Hörfähigkeit war es indessen vollends vorbei: Man mag sich vorstellen, was dies für jemanden bedeutet, für den die Musik das Ein und Alles ist! Schon lange konnte ich nicht mehr als Pianist auftreten. Zum Glück funktionierte aber mein „inneres Hören“. Ich konnte mir die Töne vorstellen, die einzelnen Instrumente erklangen in meinem Kopf. So war es mir wenigstens möglich zu komponieren: Meine letzten Klavier-Sonaten entstanden (nun waren es schon über 30!).

In jener Zeit arbeitete ich auch an zahlreichen Werken für Streichinstrumente. Zu einem davon, meiner *Großen Fuge für Streichquartett in B-Dur,* hatte mich mein verehrtes Vorbild *Johann Sebastian Bach* beseelt. Besonders in meinen späten Streichquartetten konnte ich das, was mir ein Leben lang wichtig gewesen war, auch in der Musik verwirklichen: Freiheit, Freiheit, Freiheit!

Leider mangelte es mir mittlerweile oft an der Kraft und der Konzentration, alle meine Ideen umzusetzen. Immer wieder waren es neue Krankheiten, die mich schwächten oder gar komplett an der Arbeit hinderten. Ich brauchte öfter denn je Hilfe: Das Geschäftliche jedoch, das Verkaufen meiner Werke ... diese schrecklichen Verhandlungen, die ich nicht mehr selber führen konnte – all das lähmte mich, ließ mich zeitweise verzweifeln. Zum Glück hatte ich liebe Menschen um mich, einige treue Freunde, die mich in vielerlei Hinsicht unterstützten, meine Launen und meinen schlechten Zustand ertrugen und mir zur Seite standen ...

Wissenswertes

Ludwigs Freund und Gönner, Erzherzog Rudolph, wurde 1819 Erzbischof. Für seine Amtseinführung 1820 wollte Ludwig eine feierliche Messe komponieren, doch er wurde nicht fertig und musste den Erzherzog immer wieder vertrösten. Erst mehr als zwei Jahre später vollendete er die berühmte Missa solemnis, die schließlich 1824 im fernen St. Petersburg uraufgeführt wurde.

Das berühmte Gemälde des Münchner Hofmalers Joseph Karl Stieler zeigt den Komponisten mit der Partitur der Messe.

All diese Widrigkeiten hinderten mich nicht daran, nach mehr als zehn Jahren wieder eine Symphonie zu vollenden: meine *Neunte*! Mit ihr hatte ich mir etwas vorgenommen, was kein Komponist vorher je gewagt hatte: Ich wollte dieses große Orchester-Werk mit einem Chor enden lassen! Und welchen Text hatte ich für die Sänger ausgesucht? Das Gedicht, das ich in jungen Jahren zum ersten Mal gelesen hatte, das mein Schaffen immer begleitet hatte: *Friedrich Schillers* feierliche Verse *An die Freude* ...

Die Uraufführung fand in würdevollem Rahmen am 7. Mai 1824 im Kärntnertortheater in Wien statt. Man stelle sich vor: Ich konnte meine eigene Musik nicht hören und musste den Sängern die Worte vom Mund ablesen. Ich war ein vollständig tauber Komponist, der nicht einmal den Beifall seines Publikums vernehmen konnte!

Ludwig van Beethoven lebte noch knapp drei Jahre in einem bemitleidenswerten Zustand. Er schrieb an seinen letzten Streichquartetten und plante sogar noch eine zehnte Symphonie. Am 26. März 1827 starb er nach schwerer Krankheit in Wien. Eines seiner letzten vollendeten Werke ist ein kleiner Kanon auf den Text: „Wir irren allesamt, nur jeder irret anders."

Dies und das

Ludwigs Begräbnis fand drei Tage nach seinem Tod auf dem Währinger Friedhof in Wien statt. 20 000 Menschen begleiteten den Leichenzug durch die Stadt. Viele berühmte Zeitgenossen erwiesen dem Meister die letzte Ehre. Der später sehr erfolgreiche Komponist Franz Schubert war einer der Sargträger.

1770

Ludwig wird in Bonn am Rhein in der Nacht vom 16. auf den 17. Dezember geboren – seine Eltern sind Maria Magdalena und Johann van Beethoven, Taufpate wird sein Großvater Ludwig, der schon drei Jahre später stirbt.

1774/76

Ludwigs Brüder Kaspar Karl und Nikolaus Johann werden geboren.

1778

Ludwig, der seit vier Jahren von seinem Vater unterrichtet wird, tritt in Köln zum ersten Mal als Pianist auf. In den nächsten Jahren hat er verschiedene Musiklehrer – für Klavier, Violine, Bratsche, Cello und Orgel.

1781

Christian Gottlob Neefe, Organist der Bonner Hofkapelle, gibt Ludwig Unterricht auf dem Klavier, der Orgel und im Fach Komposition.

1782/83

Veröffentlichung erster Kompositionen und Kennenlernen der Familie von Breuning: Ludwig gibt Unterricht und wird in eine neue, sehr anregende Welt eingeführt.

1784

Maximilian Franz wird neuer Kurfürst von Köln-Bonn und fördert Ludwig: feste Anstellung als 2. Hoforganist.

1787

Erste Reise in die Kaiserstadt Wien, um bei dem berühmten Wolfgang Amadeus Mozart Unterricht zu nehmen. Nur ein kurzer Aufenthalt, da die Mutter schwer erkrankt und bald stirbt.

1789

Ludwig ist mittlerweile ein wichtiger Musiker am Hofe. Er übernimmt die Vormundschaft für seine beiden Brüder, da sein Vater inzwischen alkoholkrank ist.

1792

Der Kurfürst beurlaubt Ludwig und lässt ihn nach Wien ziehen, wo er bei dem berühmten Meister Joseph Haydn Unterricht nimmt – kurz nach der Abreise stirbt der Vater.

1793/94

Ludwig sucht sich noch weitere berühmte Musiklehrer, übt sich im Komponieren und findet mehr und mehr Kontakt in adeligen Kreisen.

1795

ist ein bedeutsames Jahr: erster öffentlicher Auftritt in Wien mit einem selbst komponierten Klavierkonzert; das erste Werk mit Opus-Zahl erscheint (drei Klaviertrios); Joseph Haydn lässt ihn bei seiner Akademie auftreten.

1796

Das Jahr der Konzertreisen: Ludwig hat große Erfolge bei Konzertauftritten in Prag, Dresden, Leipzig, Berlin, Pressburg und Pest.

1800

Ludwig hat in den letzten Jahren seinen Ruf vor allem als begnadeter Pianist gefestigt. Er verkehrt in den erlauchten Kreisen des Wiener Adels, erteilt den meist jüngeren Damen Unterricht, verliebt sich in die eine oder andere. Einer der wohlhabendsten Adeligen, Fürst Lichnowsky, gewährt ihm ein Jahresgehalt von 600 Gulden. Bei einer ersten eigenen Akademie im Hoftheater kann er neben anderen Werken seine *1. Symphonie* präsentieren.

1801/02

Beängstigend zunehmende Hörschwäche – Ludwigs Mitwelt wundert sich oft über seine Übellaunigkeit und Kauzigkeit. Im „Heiligenstädter Testament“ erklärt er sich seinen Brüdern und regelt schon im Alter von 31 Jahren seinen Nachlass.

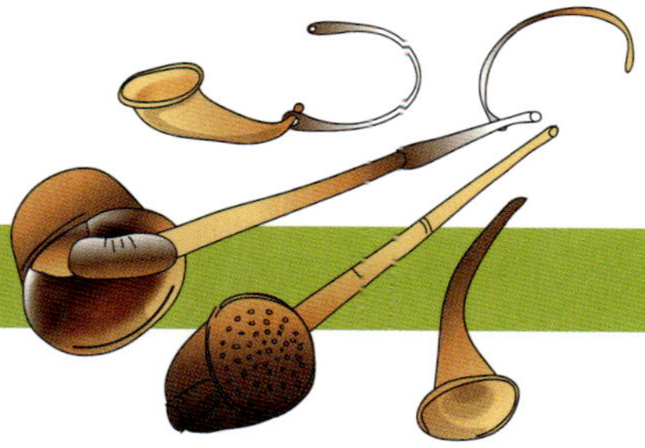

1803–1805

Arbeit an den verschiedensten Kompositionen (vor allem Klavierwerke); Unterricht bei Antonio Salieri, um ein guter Opern-Komponist zu werden – aber die Oper *Leonore* (später umbenannt in *Fidelio*) ist zunächst ein Misserfolg.

1806/07

Meisterwerke sind entstanden: die *3. Symphonie* (*Eroica*), vier Klavierkonzerte, das *Tripelkonzert*, das *Violinkonzert* und die *Messe op. 86.*

1808

Ein besonders erfolgreiches Jahr! Ludwig stellt bei einer Akademie seine 5., die *Schicksals-Symphonie* und seine *6. Symphonie*, die *Pastorale* vor.

1809

Ludwigs freie Kompositionstätigkeit ist durch einen neuen Vertrag finanziell gesichert: Erzherzog Rudolph, Fürst Kinsky und Fürst Lobkowitz gewähren ihm ein Jahresgehalt von 4000 Gulden. Ein weiteres Meisterwerk entsteht: das *5. Klavierkonzert.*

1810–1812

Ludwig zieht häufig in Wien um, die Sommer verbringt er auf dem Lande. Er verliebt sich öfter, aber sein Wunsch zu heiraten bleibt unerfüllt – in seinen Briefen an die „Unsterbliche Geliebte" kann man über seinen Liebeskummer lesen. Neben vielen anderen bedeutenden Persönlichkeiten lernt Ludwig auch den großen Dichter Johann Wolfgang von Goethe kennen.

1813

Aufgrund der politischen Wirren in Europa bleiben die meisten Zahlungen aus – Ludwig muss sich in den nächsten Jahren immer wieder Geld leihen. Sein gesundheitlicher Zustand wechselt sehr, vor allem das Gehörleiden führt bald zu völliger Taubheit – da helfen auch die Hörrohre des Metronom-Erfinders Johann Nepomuk Mälzel nicht.

1814

Höchste Ehrungen: Während des Wiener Kongresses bewundern viele hohe Staatsmänner seine Werke, darunter die *7. Symphonie* und *Wellingtons Sieg oder die Schlacht bei Vittoria.* Auch die Oper *Fidelio* ist endlich erfolgreich.

1815–1820

Leidensjahre für den oft kränkelnden und tauben Ludwig: Sein Bruder Kaspar Karl stirbt – Kampf um die Vormundschaft über seinen Neffen Karl. Immer neue Probleme mit dem Gericht und der Mutter des Jungen.

1821–1824

Trotz Geld- und Gesundheitsproblemen intensive Kompositionsarbeit: letzte Klavier-Sonaten, *Diabelli-Variationen, Missa solemnis, 9. Symphonie.*

1825/26

Weiter größte Probleme mit Karl, dem er ein guter Ersatz-Vater sein will. Immer neue Erkrankungen – trotzdem gelingen Ludwig mehrere großartige Streichquartette.

1827

Ludwig macht seinen Neffen Karl zum Universalerben. Am 26. März wird er von seinen Leiden erlöst – Adelige, Künstler und berühmte Kollegen geben dem Verstorbenen am 29. März die letzte Ehre. 20 000 Menschen folgen dem Trauerzug zum Währinger Friedhof in Wien.

Akademie
Zu Ludwigs Zeiten eine Bezeichnung für große Konzertveranstaltungen, die Komponisten oder Musiker selbst organisieren durften.

Dur
Zusammen mit Moll eines der beiden Tongeschlechter, die die verschiedenen Tonarten prägen – eher für heitere, volkstümliche oder tänzerische Musik benutzt (z. B. C-Dur, D-Dur).

Kammermusik
Eine Komposition für wenige Instrumente – ursprünglich Musik für kleinere Aufführungsorte, zum Beispiel für den Salon eines Fürsten, heute zumeist im Gegensatz zur Orchester- und Chormusik.

Kanon
Mehrstimmiges Musikstück, bei dem die Stimmen nacheinander mit der gleichen Melodie einsetzen.

Klassik
Eine musikalische Zeitepoche, deren wichtigste Komponisten Haydn, Mozart und Beethoven waren.

Libretto
Ein Textbuch zu Opern, Operetten und Musicals.

Matinee
Ein Konzert, das am Vormittag stattfindet.

Messe
Musikwerk für Gesangstimmen und Orchester – meistens in der Kirche aufgeführt.

Moll
Neben Dur das zweite Tongeschlecht – eher getragen oder sogar traurig klingend.

Oper
Ein musikalisches Theaterstück mit Orchesterbegleitung, in dem viel gesungen wird.

Opus
Damit werden die verschiedenen Werke eines Komponisten, meistens in der Reihenfolge ihres Entstehens, bezeichnet: Opus 1 etc. (abgekürzt: op. 1).

Ouvertüre
Ein instrumentales Musikstück, das ein Bühnenwerk (z. B. Oper, Operette, Ballett) einleitet – häufig auch der einleitende Satz einer Suite.

Pianist
Ein Klavierspieler, sitzt in Konzerten meistens an einem Flügel, einem größeren Klavier.

Sonate
Ein Instrumentalstück mit mehreren Sätzen – in solistischer oder kleiner Besetzung.

Streichquartett
Eine Komposition für vier Streichinstrumente – meistens zwei Violinen (Geigen), Viola (Bratsche) und Violoncello.

Symphonie
Orchesterwerk, das bei den klassischen Komponisten in der Regel aus vier Sätzen besteht – manchmal auch Sinfonie geschrieben.

Teste selbst, was du alles behalten hast! Beantworte die Fragen und notiere dir rechts den angegebenen Buchstaben aus der Antwort! Nacheinander ergeben sie das Lösungswort.

5. Buchstabe
Wie hieß der bekannte Wiener Geiger, der viele Werke Ludwigs zur Uraufführung brachte, vor allem seine späten Streichquartette?
SCHUPPANZIGH ☐ RIES ☐ LICHNOWSKY ☐

2. Buchstabe
Von welchem berühmten Komponisten erhielt Ludwig in Wien Unterricht?
SCHUBERT ☐ MOZART ☐ HAYDN ☐

1. Buchstabe
In welcher fernen Stadt wurde Ludwigs große *Missa solemnis* 1824 uraufgeführt?
PARIS ☐ ST. PETERSBURG ☐ LONDON ☐

6. Buchstabe
Welcher Komponist, den Ludwig sehr verehrte, verstarb kurz vor seiner zweiten Reise nach Wien?
SALIERI ☐ MEYERBEER ☐ MOZART ☐

2. Buchstabe
In welcher Stadt wurde Ludwig geboren?
BONN ☐ WIEN ☐ KÖLN ☐

6. Buchstabe
Wie heißt die weibliche Hauptfigur in Ludwigs einziger Oper *Fidelio*, die ihren Gatten aus dem Kerker befreit?
THERESE ☐ LEONORE ☐ MARZELLINE ☐

3. Buchstabe
Für welches Instrument schrieb Ludwig seine *Sonate pathétique*?
HORN ☐ VIOLINE ☐ KLAVIER ☐

5. Buchstabe
Von welchem berühmten Schriftsteller stammt der Text für den Chorgesang in Ludwigs *9. Symphonie*?
SCHILLER ☐ KLOPSTOCK ☐ GOETHE ☐

5. Buchstabe
Wie hieß der Erfinder, der das Metronom sowie mechanische Musikinstrumente konstruiert hat und Hörrohre für Ludwig gebaut hat?
CZERNY ☐ MÄLZEL ☐ LOBKOWITZ ☐

Lösungswort

☐ ☐ ☐ ☐ ☐ ☐ ☐ ☐ ☐

Klaviersonate in c-Moll („Pathétique“) op. 13

Dies ist eine der ersten der über 30 Klaviersonaten, die Ludwig schrieb – ein frühes Meisterwerk! Die zusätzliche (französische) Bezeichnung beschreibt eine Stimmung, die in vielen Werken von Ludwig vorherrscht: das Erhabene, das Feierliche.

Klaviersonate in cis-Moll („Mondschein-Sonate“) op. 27

Ludwig überraschte seine Bewunderer mit dieser Klaviersonate, indem er sie mit einem langsamen Satz, mit einem Adagio, begann. Ihren Beinamen erhielt sie später von einem Dichter, der sich an eine Kahnfahrt im Mondschein erinnert fühlte.

Violinsonate in A-Dur („Kreutzer-Sonate“) op. 47

Ludwig hatte in seiner Kindheit neben dem Klavier auch mehrere Streichinstrumente spielen gelernt – später war er mit berühmten Geigern befreundet. So fiel es ihm nicht schwer, auch Sonaten für seine beiden Lieblingsinstrumente, das Klavier und die Violine, zu schreiben. Ludwig widmete diese Sonate dem französischen Star-Geiger Rodolphe Kreutzer.

Acht Lieder op. 52

Immer wieder komponierte Ludwig auch Lieder, deren Texte meistens von berühmten Dichtern stammten – so das humorige *Marmotte* von Johann Wolfgang von Goethe. Darin tritt ein bettelnder Knabe als Straßenmusikant auf, begleitet von einem dressierten Murmeltier.

Symphonie Nr. 3 in Es-Dur („Eroica“) op. 55

Dies ist eines der ersten großen Werke, das Ludwig für Orchester schrieb. Ursprünglich hatte er es dem französischen General Napoleon Bonaparte gewidmet.

Konzert für Violine und Orchester in D-Dur op. 61

Das einzige Solo-Konzert für dieses Instrument – Ludwig hatte es für den bekannten Geiger Franz Clement komponiert, der es im Dezember 1806 in Wien uraufführte.

Zwölf Variationen für Klavier und Violoncello in F-Dur op. 66

Manchmal bearbeitete Ludwig auch Musik von anderen Komponisten – so zum Beispiel die Arie *Ein Mädchen oder Weibchen* aus Wolfgang Amadeus Mozarts Oper *Die Zauberflöte*.

Symphonie Nr. 5 in c-Moll („Schicksals-Symphonie") op. 67

Vor seiner sehr romantischen 6. *Symphonie*, der *Pastorale*, schrieb Ludwig dieses ungemein temperamentvolle Werk – gleich zu Beginn „klopft das Schicksal an die Tür". Es ist eine der Kompositionen, die Ludwig weltberühmt machten.

Fidelio, Oper in zwei Akten op. 72

Mehrfach musste Ludwig dieses Bühnen-Werk, das ursprünglich *Leonore* hieß, umarbeiten. Bekannt daraus ist der Gefangenenchor – wenn nach langer Zeit im dunklen Verließ die Gefangenen endlich wieder ans Licht treten dürfen.

Konzert für Klavier und Orchester Nr. 5 in Es-Dur („Kaiser-Konzert") op. 73

Wahrlich ein kaiserliches Werk, diese letzte große Komposition Ludwigs für Klavier und Orchester! Das majestätische Konzert wird seit seiner Uraufführung 1811 in Leipzig in der ganzen Welt von den besten Pianisten gespielt.

Wellingtons Sieg oder die Schlacht bei Vittoria op. 91

Im November 1813 hatte Napoleon in der Völkerschlacht bei Leipzig seine größte Niederlage erlitten. Ganz Wien feierte – auch den Komponisten, der einen Monat später trotz seiner Taubheit die Uraufführung dieses Werks, zusammen mit der 7. *Symphonie*, selbst dirigierte.

Klaviersonate in B-Dur („Hammerklavier-Sonate") op. 106

„Da haben Sie eine Sonate, die den Pianisten zu schaffen machen wird, die man in 50 Jahren spielen wird", schrieb Ludwig zu Recht an seinen Verleger: Wie alle seine Klavierwerke hat auch diese Sonate den Komponisten bis heute überlebt.

Messe in D-Dur für 4 Solostimmen, Chor und Orchester („Missa solemnis") op. 123

Das größte der drei geistlichen Werke, die Ludwig komponierte. Eigentlich für die feierliche Amtseinführung von Erzherzog Rudolph als Erzbischof im Jahre 1820 gedacht, kam die Messe aber erst 1824 im fernen St. Petersburg zur Uraufführung.

Symphonie Nr. 9 in d-Moll op. 125

Die letzte und berühmteste Symphonie des großen Meisters – zum ersten Mal mit Gesang: dem grandiosen Schluss-Chor *Freude, schöner Götterfunken*. Der Text stammt von dem nicht minder bekannten Dichter Friedrich Schiller.

1781 beginnt Ludwig seinen Unterricht beim Hoforganisten Christian Gottlob Neefe, der ihm die Kompositionskünste des großen *Johann Sebastian Bach* (1685–1750) erklärt. Dessen berühmtes *Wohltemperiertes Klavier* hat Ludwig aber gewiss schon früher kennengelernt. Bereits mit zwölf Jahren hat er regelmäßig die Gelegenheit, Bachs Werke auf der Orgel zu spielen. Sein Leben lang bleibt Ludwig ein Bewunderer des so ungemein reichen Werkes Bachs.

1782 spätestens setzt sich Ludwig auch mit den Kompositionen des Bach-Sohnes *Carl Philipp Emanuel* (1714–1788) auseinander. Dieser schrieb vor allem Werke für Tasteninstrumente und war ein Vorläufer und Lehrmeister für alle „klassischen" Komponisten.

1787 reist Ludwig zum ersten Mal für wenige Tage nach Wien. Ob er dort *Wolfgang Amadeus Mozart* (1756–1791) wirklich persönlich getroffen hat, ist allerdings nicht gewiss. Schon als kleiner Junge hatte Ludwig die Musik des so erfolgreichen „Wiener Klassikers" lieben gelernt. Nach Ludwigs Aufenthalt komponierte Mozart noch zahlreiche Meisterwerke, so die *Jupiter-Symphonie* und *Die Zauberflöte* und andere wunderschöne Musik mehr.

1790, vielleicht auch erst zwei Jahre später, lernt Ludwig den erfolgreichsten lebenden Komponisten seiner Zeit, *Joseph Haydn* (1732–1809), kennen. Dessen Gesamtwerk umfasst über 100 Symphonien, viele Streichquartette, Klavier-Kompositionen sowie Oratorien und Opern. Haydns Bereitschaft, ihm Unterricht zu geben, veranlasst Ludwig, 1792 von Bonn nach Wien zu ziehen.

1801, vielleicht auch schon viel früher, nimmt Ludwig Unterricht beim Wiener Hofkapellmeister *Antonio Salieri* (1750–1825). Dieser damals hochgeschätzte Komponist soll ihn im „freyen Styl" und vor allem in der italienischen Gesangskomposition unterrichten.

1804 lernt Ludwig den 18-jährigen *Carl Maria von Weber* (1786–1826) kennen, der sich damals schon intensiv mit der Komposition von Opern beschäftigt, besonders Ludwigs Ouvertüren bewundert und später den berühmten *Freischütz* schreibt. Noch zu Ludwigs Lebzeiten begeistert sich das Publikum für diesen jungen „Romantiker".

1813 kommt es in Wien zu einem denkwürdigen Konzert, bei dem auch der später meistgespielte Opern-Komponist des 19. Jahrhunderts, *Giacomo Meyerbeer* (1791–1864) anwesend ist: Zugunsten der im Krieg verwundeten Soldaten wird Ludwigs heroisches Werk *Wellingtons Sieg oder die Schlacht bei Vittoria* uraufgeführt. Zusammen mit anderen Komponisten wie Antonio Salieri, Louis Spohr und Johann Nepomuk Hummel, die an der Aufführung mitwirken, tritt Meyerbeer als „Schlagzeuger" auf, um der Komposition lautes Kanonen- und Gewehrfeuer beizufügen. 14 Jahre später ist er einer der letzten Besucher an Ludwigs Sterbebett.

1822 kommt *Franz Liszt* (1811–1886) mit seiner Familie für zwei Jahre nach Wien. Das hochbegabte Kind hat schon seinen ersten großen Auftritt als Pianist hinter sich und nimmt nun Unterricht bei Ludwigs Schüler Carl Czerny und bei dem Hofkapellmeister Antonio Salieri. Als Zwölfjähriger bittet er Ludwig, sein Konzert zu besuchen – später wird er regelmäßig Werke seines Vorbildes spielen. Neben seiner Weltkarriere als Pianist gelingt es Franz Liszt, auch in die erste Garde der Komponisten aufzusteigen.

1822 schreibt Bruder Nikolaus Johann, der Apotheker, in Ludwigs Konversationsheft: „Rossini ist reich durch seine Opern, ich glaube, dass du auch mehr Opern schreiben solltest." Tatsächlich hat der Italiener *Gioacchino Rossini* (1792–1868) mit seiner schwungvoll-frohen Musik sogar das anspruchsvolle Wiener Publikum erobert. Ludwig lernt ihn kennen und lobt seinen *Barbier von Sevilla*. Rossini revanchiert sich, in dem er sich sehr wohlwollend über Ludwigs kunstvoll komponierte Streichquartette äußert.

1827 ist es *Franz Schubert* (1797–1828), der als letzter Trauernder bei Ludwigs feierlicher Bestattung seine Fackel löscht. Er war vielleicht sein größter Bewunderer und Verehrer. In seinem kurzen Leben hat er versucht, ein ähnlich umfangreiches Symphonie- und Klavierwerk wie sein Vorbild zu schaffen. Besonders berühmt wurde Schubert durch seine zahlreichen Lied-Kompositionen.

1. Bagatelle in a-Moll („Für Elise“) WoO 59
   Endre Hegedűs, Klavier
   Naxos CD 7232
2. Violinkonzert in D-Dur op. 61,
   3. Satz: Rondo. Allegro (Ausschnitt)
   Takako Nishizaki, Violine
   Slovak Philharmonic Orchestra unter der Leitung von Kenneth Jean
   Naxos CD 8.550149
3. Klaviersonate Nr. 14 in cis-Moll, („Mondschein-Sonate“) op. 27 Nr. 2,
   1. Satz: Adagio sostenuto (Ausschnitt)
   Jenő Jandó, Klavier
   Naxos CD 8.550045
4. Symphonie Nr. 5 („Schicksals-Symphonie“) op. 67, 1. Satz: Allegro con brio (Ausschnitt)
   Nicolaus Esterházy Symphonieorchester unter der Leitung von Béla Drahos
   Naxos CD 8.554061
5. Fidelio op. 72, 1. Akt: Finale (Gefangenenchor) „Oh, welche Lust“ (Ausschnitt)
   Nicolaus Esterházy Symphonieorchester unter der Leitung von Michael Halász
   Naxos CD 8.557892
6. Klaviersonate Nr. 29 in B-Dur („Hammerklavier-Sonate“) op. 106, 2. Satz: Scherzo. Assai vivace – Presto – Tempo I
   Jenő Jandó, Klavier
   Russian Philharmonic Orchestra unter der Leitung von Dmitry Yablonsky
   Naxos CD 8.550234
7. Septett in Es-Dur op. 20,
   5. Satz: Scherzo. Allegro molto e vivace
   József Balogh, Klarinette; Ildikó Hegyi, Violine; Jenő Keveházi, Horn; Gyozo Mathe, Viola; Peter Szabó, Cello; István Tóth, Kontrabass; József Vajda, Fagott
   Naxos CD 8.553090
8. Klavierkonzert Nr. 5 in Es-Dur („Kaiser-Konzert“) op. 73, 1. Satz: Allegro (Ausschnitt)
   Stefan Vladar, Klavier
   Kammerorchester Capella Istropolitana unter der Leitung von Barry Wordsworth
   Naxos CD 8.550121
9. Streichquartett Nr. 1 in F-Dur op. 18 Nr. 1,
   1. Satz: Allegro con brio (Ausschnitt)
   Kodály Quartet
   Naxos CD 8.550558
10. Sechs Lieder op. 75 Nr. 3,
    „Aus Goethes Faust (Das Floh-Lied)“
    Pamela Coburn, Sopran
    Leonard Hokanson, Klavier
    Naxos CD C10343-45 (CD 2)

11. Symphonie Nr. 6 in F-Dur („Pastorale“) op. 68,
    4. Satz:
    „Donner und Sturm“: Allegro
    European Festival Orchestra unter der Leitung von Johannes Walter
    Naxos CD 7036
12. Sonate für Cello und Klavier Nr. 3 in A-Dur op. 69, 4. Satz:
    Allegro vivace (Ausschnitt)
    Maria Kliegel, Cello
    Nina Tichman, Klavier
    Naxos CD 8.555786
13. Symphonie Nr. 9 in d-Moll („An die Freude“) op. 125, 4. Satz: Finale. Presto – Allegro assai (Ausschnitt)
    Zagreb Philharmonic Orchestra unter der Leitung von Richard Edlinger
    Naxos CD 8.550181

Musik mit freundlicher Genehmigung von NAXOS Rights International Ltd.

Diese große Hafenstadt besuchte ich mit meiner Mutter – als ich zehn Jahre alt war.

Hier hatte ich meinen ersten öffentlichen Auftritt als Pianist – mit sieben Jahren!

Hier lebte ich 1808 schon in Gedanken, weil mir der König von Westfalen, Napoleons Bruder, dort die Stelle des Ersten Hofkapellmeisters angeboten hatte – ich lehnte aber ab.

In die französische Hauptstadt reiste ich sehr oft in Gedanken, weil dort die Revolution stattfand und ich lange Zeit ein Verehrer von Napoleon war.

In die britische Hauptstadt wäre ich, wie Joseph Haydn, liebend gern gereist – immerhin traten viele meiner Kompositionen die Reise dorthin an!

Hier stellte mir Joseph Haydn 1793 Fürst Esterházy vor. 1807 wohnte ich hier der Uraufführung meiner *Messe op. 86* bei.